DEDICATION

To all the students who inspire us every day to be creative.

Thank you!

DEDICATORIA

A todos los estudiantes que nos inspiran cada día a ser creativos.

¡Gracias!

ANTES DE LEER

- Habla de los animales que puedes encontrar en el zoo.

- Habla de las diferencias entre mascotas y animales salvajes.

- Habla de las diferencias de los animales de granja con el resto de animales.

DESPUÉS DE LEER

- Pregunta al lector qué animales conoce que no salen en el libro.

- Pregunta al lector sobre una visita al zoo o si le gustaría visitarlo.

¡Hola! Yo me llamo Miguel.
¡Hola! Yo soy Beatriz.
¡Hoy vamos al zoo! ¡Vamos a buscar un animal con rayas negras, blancas y naranjas!

¡Mira! ¡Un gorila!
El **GORILA** es muy fuerte y es de color negro.
¿Tiene rayas blancas, negras y naranjas?
Sigamos buscando.

¡Mira! ¡Una **JIRAFA**! La jirafa es muy alta y es de color amarillo y marrón. ¿Tiene rayas blancas, negras y naranjas? Sigamos buscando.

¡Mira! ¡Una serpiente! La **SERPIENTE** no tiene piernas, es larga y es de muchos colores. ¿Tiene rayas blancas, negras y naranjas? Sigamos buscando.

¡Mira! ¡Un león!
El **LEÓN** es el rey de la selva, tiene melena y es amarillo. ¿Tiene rayas blancas, negras y naranjas? Sigamos buscando.

¡Mira! ¡Una tortuga! La **TORTUGA** es lenta, tiene concha y es verde. ¿Tiene rayas blancas, negras y naranjas? Sigamos buscando.

¡Mira! ¡Una cebra!
La **CEBRA** come hierba y es de color blanco y negro. ¿Tiene rayas blancas, negras y naranjas? Sigamos buscando.

¡Mira! ¡Un canguro!
El **CANGURO** salta muy alto y es de color marrón. ¿Tiene rayas blancas, negras y naranjas? Sigamos buscando.

¡Mira! ¡Un hipopótamo!
El **HIPOPÓTAMO** tiene orejas pequeñas,
es gordo y es de color morado.
¿Tiene rayas blancas, negras y naranjas?
Sigamos buscando.

¡Mira! ¡Un loro! El **LORO** repite palabras y es de color azul, rojo y amarillo. ¿Tiene rayas blancas, negras y naranjas? Sigamos buscando.

¡Mira! ¡Una pantera! La **PANTERA** duerme en los árboles y es de color negro. ¿Tiene rayas blancas, negras y naranjas? Sigamos buscando.

¡Mira! ¡Un cocodrilo! El **COCODRILO** vive en el agua, tiene la boca grande y es verde. ¿Tiene rayas blancas, negras y naranjas? Sigamos buscando.

¡Mira! ¡Un oso!
El **OSO** es grande, come muchas cosas y es marrón. ¿Tiene rayas blancas, negras y naranjas? Sigamos buscando.

¡Mira! ¡Un panda! El **PANDA** come bambú y es de color blanco y negro. ¿Tiene rayas blancas, negras y naranjas? Sigamos buscando.

¡Mira! ¡Un tigre!
El **TIGRE** vive en el bosque y la sabana.
Es de color blanco, negro y naranja.
¿Tiene rayas blancas, negras y naranjas?
¡Sí! ¡LO HEMOS ENCONTRADO!
EL ANIMAL ERA UN TIGRE.

PALABRAS DE USO FRECUENTE

| Es | El | De |

| Color | La | Mira |

| Tiene |

¡RETO!

¿Puedes decir o escribir una oración por cada palabra de uso frecuente?

LOS ANIMALES

el gorila

la jirafa

la serpiente

la cebra

el canguro

el hipopótamo

el oso

el panda

el tigre

el elefante

el león

la tortuga

el loro

el cocodrilo

la pantera

LOS COLORES

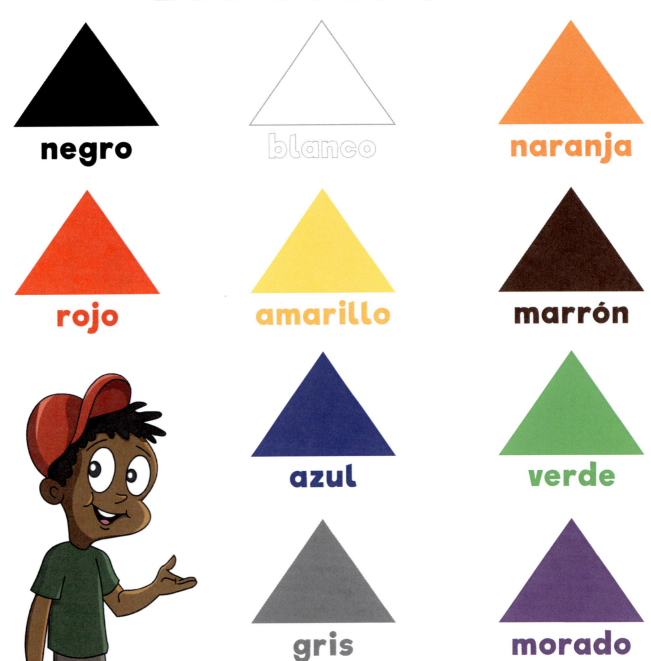

¡CONSEJO!

¿Sabías que los tigres son familia de una mascota muy común?
¡Descúbrelo!

Easy Reader Series Collection...

EN MI ESCUELA

EL ZOO

EL UNIVERSO

DESIGNED BY: ANJARLI TORRES